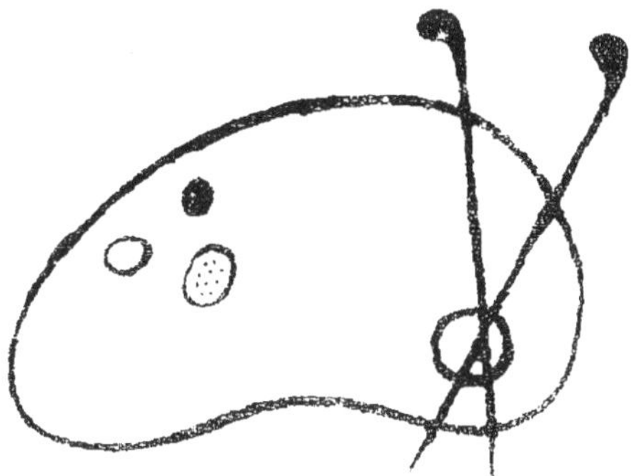

LES
ÉLECTIONS D'ESPAGNE

PAR

LEFÈVRE PONTALIS

MEMBRE DE L'INSTITUT

PARIS

ALPHONSE PICARD ET FILS, ÉDITEURS

82, RUE BONAPARTE, 82

1896

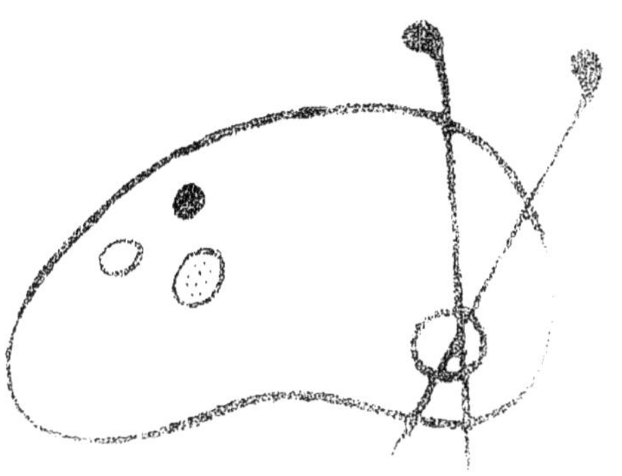

LES
ÉLECTIONS D'ESPAGNE

PAR

LEFÈVRE PONTALIS

MEMBRE DE L'INSTITUT

PARIS
ALPHONSE PICARD ET FILS, ÉDITEURS
82, RUE BONAPARTE, 82

1896

EXTRAIT DU COMPTE RENDU

De l'Académie des sciences morales et politiques

(INSTITUT DE FRANCE)

PAR MM. HENRY VERGÉ ET P. DE BOUTAREL

Sous la direction de M. le Secrétaire perpetuel de l'Académie

LES
ÉLECTIONS D'ESPAGNE

Les élections d'Espagne qui viennent d'avoir lieu ont donné au ministère conservateur de M. Canovas del Castillo une majorité qui lui assure l'appui des deux tiers des membres du Congrès, en ne laissant aux diverses oppositions qu'un tiers des sièges. Elles ont ainsi confirmé une fois de plus la tradition espagnole des élections ministérielles qu'on peut toujours prédire à l'avance, malgré les lois qui semblent garantir la liberté et la sincérité des élections, mais qui donnent une fois de plus raison à l'antique maxime : que valent les lois sans les mœurs !

Aux termes de la constitution du 20 juin 1876, qui date de la restauration du roi Alphonse XII, l'Espagne, après être sortie de bien des crises et avoir traversé bien des épreuves, a la pleine jouissance de la liberté politique.

Le pouvoir législatif, désigné sous le nom de Cortès, y est divisé en deux Chambres, le Sénat et le Congrès ou Chambre des députés.

Le Sénat, tel qu'il est organisé par la loi du 8 février 1877, comprend 360 membres. Il est composé par moitié de membres de droit et de membres nommés à vie par le pouvoir royal dans des catégories qui justifient la nomination. L'autre moitié, qui est de 180 membres, est élue à raison d'environ trois sénateurs pour chaque province, par les députés provinciaux, qui représentent nos conseils généraux, et par les délégués municipaux dont le choix appartient aux membres des municipalités et à un nombre quadruple des plus hauts imposés de la commune. En outre, trente membres sont élus par des corporations ecclésiastiques, académiques, universitaires et par les sociétés économiques d'amis du pays qui perpétuent les anciennes associations du royaume et qui sont à peu près équivalentes à nos Chambres de commerce et d'agriculture. La partie élective du Sénat est nommée pour dix ans, avec renouvellement partiel tous les cinq ans et peut être dissoute comme la Chambre des députés. C'est à la suite de cette dissolution que les élections sénatoriales viennent d'avoir lieu, huit jours après l'élection des députés. Elles se sont passées avec un grand calme, mais avec une grande indépendance. Le parti conservateur, qui n'avait pas 40 sièges, en a regagné, il est vrai, 70 ; mais le parti libéral en a gardé 90, en ne laissant guère qu'une majorité de 20 voix au parti ministériel, dans la catégorie des sénateurs élus. De telles élections laissent au Sénat, avec sa partie non élective, dont le recrutement est un recrutement d'élite, une autorité et un prestige qui lui permettent de remplir utilement son rôle de pouvoir stable et pondérateur.

Le Congrès ou Chambre des députés, issu du suffrage universel, tel qu'il avait été organisé par la révolution de 1867 et tel qu'il a été rétabli sous le gouvernement de la Reine-régente par la loi du 26 juin 1890, ne peut manquer, par son origine populaire, d'avoir et d'exercer la prépondérance. Il est élu par tout espagnol âgé de vingt-cinq ans. Il comprend 434 députés dont le mandat est gratuit et qui doivent prêter le serment constitutionnel. Ils sont nommés pour cinq ans au premier tour de scrutin, c'est-à-dire à la majorité relative, sans qu'il y ait ballottage, et leurs pouvoirs cessent par suite des dissolutions auxquelles donne lieu presque toujours chaque changement de ministère, ainsi qu'il vient d'en être pour la dernière élection, quoique M. Canovas ait gouverné pendant trois mois avec la Chambre de son prédécesseur, M. Sagasta. La loi qui règle les élections législatives et qui ne comprend pas moins de 109 articles est pour l'Espagne comme le beau frontispice d'un édifice qui n'est pas au dedans ce qu'il paraît être au dehors. Elle donne toutes les garanties qui semblent ne rien laisser à désirer; mais ce ne sont que des garanties théoriques qui, dans la pratique, sont trop souvent illusoires.

Le scrutin a lieu en principe par district, avec la nomination d'un seul député qui représente 50,000 habitants; mais les grandes villes et un certain nombre des plus importants districts, au nombre de 24, ont à élire, au scrutin de liste, plusieurs députés depuis 3 jusqu'à 5 attribués à Barcelone et 8 attribués à Madrid. Ces élections au scrutin de liste ont le grand avantage de faire entrer dans la législation espagnole la représentation si enviable des minorités; chaque électeur n'a, en effet, le droit de voter que pour un nombre de députés inférieur de 2 ou 3 au nombre de députés à élire, de telle sorte qu'au moins une trentaine de sièges ne peuvent, quoi qu'il advienne, appartenir à la majorité. La pacification des élections ne doit qu'y gagner et les principaux représentants des partis opposés l'un à l'autre ne peuvent dès lors être exclus du Congrès. Le parti qui est au pouvoir est toujours obligé de compter avec les représentants de l'opposition, sans jamais pouvoir leur imposer silence, et en étant ainsi assujetti à un inévitable contrôle.

La représentation des intérêts a trouvé place dans la loi électorale aussi bien que la représentation des minorités, au profit des mêmes corporations qui ont le droit d'élire des sénateurs, sous certaines conditions de groupement, mais sans qu'elles paraissent jusqu'ici disposées à user de ce privilège dont quatre collèges des sociétés économiques des amis du peuple ont seuls jusqu'ici réclamé la jouissance, pour avoir leurs élus au Congrès.

La désignation des assesseurs ou contrôleurs est l'un des traits les plus caractéristiques de la loi électorale. Les assesseurs sont appelés, au moins au nombre de quatre, à faire partie du bureau de vote, sous la présidence de l'alcade ou maire, qui est électif, sauf dans les villes ayant plus de 6,000 habitants où il est nommé par le gouvernement parmi les conseillers municipaux (1). Les bureaux de vote sont nombreux, les districts électoraux étant divisés en sections dont chacune doit comprendre 100 électeurs au moins et 500 au plus dans les campagnes, avec un maximum de 1,000 électeurs dans les villes.

Le choix des assesseurs ou contrôleurs appartient aux conseils provinciaux élus par le suffrage universel et aux candidats. Les conseils provinciaux en désignent deux par bureau. Chaque candidat a également le droit d'en désigner un ; mais, pour pouvoir user de ce droit de désignation, il faut être proclamé candidat par le conseil provincial, le dimanche qui précède l'élection. On a droit à être proclamé candidat, quand on est ancien sénateur ou ancien député, ou bien quand on a obtenu à une élection précédente un cinquième des voix, ou bien encore quand on est présenté par un nombre d'électeurs s'élevant au vingtième du nombre total des électeurs inscrits. Tout citoyen peut être candidat; mais il n'y a que les candidats proclamés par les conseils provinciaux qui puissent faire sauvegarder leurs intérêts électoraux par leurs représentants attitrés.

Toutes les dispositions sont prises ou semblent être prises pour assurer à la fois l'intégrité des inscriptions et la régularité des opérations électorales. Les inscriptions sont confiées aux conseils municipaux où siègent les anciens maires et elles sont soumises aux conseils provinciaux. Les opérations électorales ont lieu de huit heures du matin à quatre heures du soir, avec assistance de notaires qui peuvent être requis par les candidats ou les assesseurs pour faire constater les irrégularités commises. Le vote a lieu par bulletin blanc déposé dans une urne de cristal. Le dépouillement est transmis par le prési-

(1) A Madrid seulement la nomination de l'alcade appartient exclusivement au gouvernement.

dent de chaque section de vote à la commission centrale du scrutin, qui se réunit quatre jours après l'élection au chef-lieu du district, et dont les assesseurs, représentant au moins 25 sections du district, sont désignés par les conseils provinciaux, sans préjudice des assesseurs volontaires. La commission centrale de scrutin est présidée par un magistrat.

Les délits qui peuvent être connus sont minutieusement spécifiés et rigoureusement punis, sans aucune omission de ceux qui peuvent mettre en cause les fonctionnaires publics pour faits d'intervention abusive ou de pression de toutes sortes. La poursuite appartient librement devant les tribunaux ordinaires et cours de justice à tout électeur qui se prétend lésé.

Enfin, la surveillance de toutes les opérations électorales est remise à la Junte, ou conseil central, qui a le droit de punir d'amende les infractions commises jusqu'à concurrence de 1.250 francs et de saisir le Congrès de ses rapports. Dans les dernières élections, les opérations électorales pour la nomination des assesseurs, dans les Canaries, lui ayant paru incomplètes, elle les a fait reculer de huit jours. En outre, elle a condamné à des amendes de cent piastres les présidents des bureaux électoraux de Madrid pour irrégularités commises, et s'est montrée disposée à intervenir énergiquement pour réprimer les abus qui lui ont été signalés. La Junte centrale, qui comprend quinze membres, est composée des anciens présidents et vice-présidents de la Chambre des députés ; elle est ainsi investie d'une autorité suprême qui peut lui donner un pouvoir d'arbitrage aussi salutaire qu'efficace.

Quant à la validation des élections, elle appartient au Congrès ; mais est préalablement soumise à des commissions parlementaires qui sont destinées à donner des garanties de tolérance et d'impartialité. Aux termes du règlement du du Congrès, l'une est celle de l'*examen des actes*. Elle est composée de quinze membres nommés par le Congrès, mais sans que chaque député puisse nommer plus de cinq membres, de telle sorte que la minorité est assurée d'y être représentée. Les élections sérieusement contestées sont réservées à une autre commission appelée le *Tribunal des Actes graves* pour laquelle la *Commission de l'examen des actes* propose au Congrès une liste de députés ayant fait partie de deux législatures; sur cette liste, le Congrès en choisit vingt-quatre. Il n'a pas tenu au premier ministre d'aujourd'hui, M. Canovas del Castillo, que la compétence de la Cour de cassation n'ait été substituée à cette commission parlementaire, en mettant ainsi les élections législatives d'Espagne sous la sauvegarde des cours de justice, comme en Angleterre. Il est très rare, d'ailleurs, qu'une invalidation soit prononcée, la majorité se montrant trop complaisante à l'égard des élus qui lui appartiennent, pour ne pas en user de même à l'égard des députés de la minorité.

Si l'on s'en tenait aux textes des lois, les élections législatives ne pourraient donc manquer de faire honneur à l'Espagne; mais, si l'on se rend compte de la façon dont les textes sont mis en pratique, on peut redire avec tristesse le vers du poète :

Comment en un plomb vil l'or pur s'est-il changé ?

Ce qui caractérise, en effet, les élections espagnoles, c'est le sans-gène avec lequel les fonctionnaires et les électeurs se croient tout permis.

Quant aux fonctionnaires, les gouverneurs de province qui tiennent lieu de nos préfets, se croient chargés de faire les élections, et il est vrai de dire qu'à cet égard, il n'y a pas de Pyrénées. La candidature officielle est même tellement acclimatée en Espagne, qu'elle semble y faire partie des institutions du pays. Les gouverneurs usent dans la plus large mesure, souvent pour les prétextes les plus futiles, de leur droit de suspension, tant à l'égard des membres des députations provinciales qu'à l'égard des membres des municipalités qu'ils peuvent remplacer à leur gré. S'ils ne peuvent exercer ce droit pendant la période électorale, qui, une fois ouverte, rend même leurs pouvoirs aux conseillers suspendus, ils s'en dédommagent à l'avance, et assouplissent ainsi ceux qui seraient tentés de se montrer les plus récalcitrants. Ils ne se gênent pas également pour intimider à outrance les municipalités; ils les soumettent à toute sorte de tracasseries et peuvent même leur infliger des amendes plus ou moins considérables, en les menaçant de surcroît d'imposition pour défaut de formalités administratives qu'elles n'auraient pas remplies, afin de se les rendre ainsi plus dociles, quand les promesses et dons ne suffisent pas.

La pression à l'égard des maires fait également partie intégrante des usages administratifs; mais il est vrai de reconnaître que, dans les dernières élections, les gouverneurs avaient à compter avec une partie des maires nommés par le dernier ministère libéral et dans lesquels le ministère conservateur n'avait pas à trouver des auxiliaires enrégimentés à l'avance.

Quant aux électeurs, le secret et la sincérité du vote ne sont trop souvent qu'illusoires. Si la proposition des candidats, telle qu'elle doit être faite au moins par un vingtième des électeurs inscrits, est une garantie pour les candidats ainsi proposés, en leur permettant de désigner des assesseurs, elle est, d'autre part, préjudiciable au secret du vote; en effet, les candidats sont intéressés, soit à se faire ainsi donner par écrit comme des suffrages anticipés, soit à mettre en quelque sorte à l'encan le suffrage des électeurs qui ont publiquement pris parti à l'avance, en faveur de leurs concurrents. En ce qui concerne la sincérité du vote, elle n'est pas seulement exposée à la corruption qui, depuis quelques années, par suite des agglomérations ouvrières de Bilbao, a commencé ses ravages dans les pays basques où des candidatures peuvent coûter jusqu'à cent mille francs et bien au delà, mais encore il faut compter, dans beaucoup de districts, avec une vénalité qui résulte des avances pécuniaires que fait le gouvernement pour les candidats de son choix.

La désinvolture des bureaux électoraux fait d'ailleurs trop souvent du bulletin de vote un jouet qu'ils font manœuvrer à leur guise. C'est sans scrupule qu'on fait fréquemment voter les absents et les morts, qu'on substitue des électeurs les uns aux autres, sans souci de l'identité que le parti libéral s'est refusé à donner quand il était au pouvoir. On va même quelquefois jusqu'à faire tomber dans l'urne, des paquets de bulletins, comme par un accord tacite entre les membres du bureau, malgré les réclamations qu'on élude et les pénalités qui aboutissent le plus souvent à l'impunité. Les procès-verbaux de l'élection, dans les sections de vote, sont plus d'une fois laissés en blanc pour être remplis au gré de la commission centrale du scrutin, et les fraudes de toutes sortes, dont les plus innocentes sont la fermeture du scrutin avant l'heure réglementaire, sont comme un passeport qui leur donne un libre parcours.

Le scandale le plus retentissant s'est produit avec les élections de Madrid. Malgré l'accord que la représentation proportionnelle établissait entre candidats conservateurs et candidats libéraux, les élections de Madrid mettaient en mouvement l'opinion publique, par suite de la candidature du marquis Urbina de Cabrinana qui s'était porté le dénonciateur des concussions, des malversations et des méfaits financiers imputables à la municipalité de Madrid et à l'un de ses anciens alcades. Ces dénonciations, qu'il se proposait de porter devant le Congrès, avaient été suivies de procès que le gouvernement avait été obligé d'engager et qui n'avaient pu aboutir à aucune condamnation. C'était, en Espagne, la répétition de ce qui s'était passé en France pour le Panama. La candidature du marquis de Cabrinana était énergiquement appuyée par les représentants du commerce et de l'industrie, ainsi que par les étudiants ; elle avait été acclamée avec enthousiasme dans un grand nombre de réunions électorales et avait ainsi soulevé le poids, trop ordinaire, de l'indifférence publique. Elle se heurtait, par contre, à la coalition des intérêts lésés ou menacés qui ne pouvait manquer de mettre tout en œuvre pour engager une lutte à outrance dont l'impunité était le prix.

Aussi les bureaux électoraux se sont-ils mis à l'aise par tous les tours de passe-passe qui ont fait de l'élection une triste comédie. Dans plusieurs sections, le scrutin a été ouvert avant l'heure légale, et à l'heure de l'ouverture un grand nombre d'électeurs ne pouvaient plus voter, parce qu'ils se trouvaient déjà portés sur la liste d'émargement. Il n'y eut pas jusqu'à l'ancien président du Congrès, M. de la Véga di Armigo, à qui on n'ait, paraît-il, opposé le pointage qui avait été fait de son nom, avant qu'il se fût présenté pour voter, et il fallut bien tenir compte de son énergique protestation. Des bandes d'électeurs ambulants sous différents déguisements, allaient de sections en sections, déposer des bulletins dans les urnes où ils étaient reçus avec une impudente complaisance. Des menaces, et surtout des offres d'argent étaient prodigués aux assesseurs du marquis de Cabrinana pour les éloigner des salles ou bien pour en faire des complices. Aussi, dans plusieurs sections, le nombre des bulletins donnés aux candidats élus a-t-il été de beaucoup supérieur au nombre même des électeurs inscrits, et pour couvrir ces falsifications, la Junte centrale du scrutin a-t-elle eu soin de réduire dans une large mesure le chiffre total des suffrages qu'ils avaient obtenus. L'indignation a été telle, que les deux candidats libéraux élus par le bénéfice de la représentation porportionnelle ont été mis en demeure par les chefs de leur parti de s'engager à donner leur démission, et comme cette démission ne pouvait être régulièrement donnée qu'au Congrès, une fois le Congrès assemblé, l'un deux, qui était président du cercle de l'Union commerciale, a dû commencer par renoncer à en garder la présidence.

Mais ce soulèvement de l'opinion publique n'a guère été qu'un feu de paille, et à peine si ailleurs il a eu l'occasion de se manifester, malgré les différentes protestations auxquelles les élections ont donné lieu. Ce qui tempère toutes les plaintes et ce qui rend les réclamations bien éphémères, c'est l'habitude prise des candidatures officielles qui acclimate tout ce qu'elles comportent pour réussir. D'ailleurs, il faut reconnaître que la liberté électorale, malgré toutes les atteintes qu'elle peut recevoir, n'est pas partout mise sous sequestre et confisquée. Aux avant-dernières élections, faites sous le ministère libéral, soixante députés conservateurs seulement avaient pu entrer aux Cortès; aux élections qui viennent d'avoir lieu sous le ministère conservateur, cent seize députés qui ne font partie de la majorité ministérielle, dont quatre-vingt-sept députés libéraux, se sont fait élire, et la majorité ministérielle sans être tenue en échec, est ainsi obligée de compter avec une opposition assez forte pour l'empêcher d'abuser de la victoire.

Pour que les élections espagnoles eussent une autre physionomie, il faudrait changer les mœurs politiques, et il est permis de se demander si l'on n'y perdrait pas plus qu'on n'y gagnerait. Le suffrage universel, tel qu'il est pratiqué en Espagne reste à l'état rudimentaire, sans pouvoir se passer d'une direction; cette direction est d'autant plus facilement donnée que l'indifférence des électeurs s'y prête et entretient l'abstention d'une grande partie des électeurs, souvent plus réelle qu'apparente, tant ceux qui s'abstiennent ne se plaignent pas qu'on vote pour eux. Or, du moment où le suffrage universel cherche un mot d'ordre, il n'y a que le gouvernement qui puisse le lui donner. Ce n'est pas, heureusement pour l'Espagne, aux partis extrêmes qu'il peut le demander. Le parti républicain, affaibli par ses divisions intestines et dont l'ancien chef, M. Castelar, a cessé loyalement de faire opposition à la monarchie, n'est pas intervenu dans les élections dont il s'est tenu à l'écart, en n'étant plus représenté aux Cortès que par trois candidats isolés. Quant au parti carliste, avec ses dix candidats élus, il continue à être réduit à l'impuissance.

Les deux seuls partis qui peuvent dès lors se disputer le pouvoir, avec la force prépondérante que donne au parti ministériel, quel qu'il soit, la toute puissance de l'organisation administrative, sont le parti conservateur et le parti libéral : le parti conservateur compact, malgré certaines dissidences telles que celle de M. Silvela, et malgré certaines rivalités telle que celle de M. Roméro Robledo, ayant pour chef attitré le premier ministre, M. Canovas dit Castillo ; — le parti libéral avec ses grandes notabilités, uni sous la direction de M. Sagasta et dont la fidélité dynastique est devenue la meilleure garantie de la royauté. Malgré tout ce qui les sépare, bien plus au point de vue du personnel qui les recrute, qu'au point de vue des doctrines qu'ils représentent, ils sont trop intéressés à se ménager l'un l'autre, pour que les électeurs se sentent disposer à s'engager eux-mêmes passionnément dans la lutte.

Les rivalités électorales ne pouvaient d'ailleurs manquer d'être d'autant plus pacifiques, qu'elles laissaient place dans les préoccupations politiques au grand mouvement de patriotisme dont l'Espagne donne l'admirable exemple, en se montrant résolument unie pour garder à tout prix la possession de Cuba. Aucun sacrifice ne semble devoir lui coûter pour ne pas se laisser déposséder de ce qu'elle considère comme le dernier joyau de son ancien empire colonial, et elle n'avait aucun goût à se laisser distraire par des compétitions de scrutin de ce qui tient au cœur de toute la nation.

La royauté espagnole, telle qu'elle a été rétablie par Alphonse XII et consolidée par la reine régente, a ainsi recueilli dans la crise extérieure qu'elle traverse, le bénéfice de la concorde intérieure qu'elle a su obtenir et de la confiance qu'elle a su mériter. Au lendemain de son avènement au trône, en succédant aux différents gouvernements qui s'étaient remplacés pendant sept ans, depuis la Révolution qui avait renversé le trône de la reine Isabelle, le roi Alphonse XII avait déclaré que la restauration continuerait toute l'histoire de l'Espagne. Cette déclaration a été l'heureux signal de la réconciliation des partis ; les dernières élections ne pouvaient la troubler ou la faire cesser, et elles n'ont servi qu'à la confirmer, en la perpétuant.

Orléans. — Imp. Paul Pigelet.

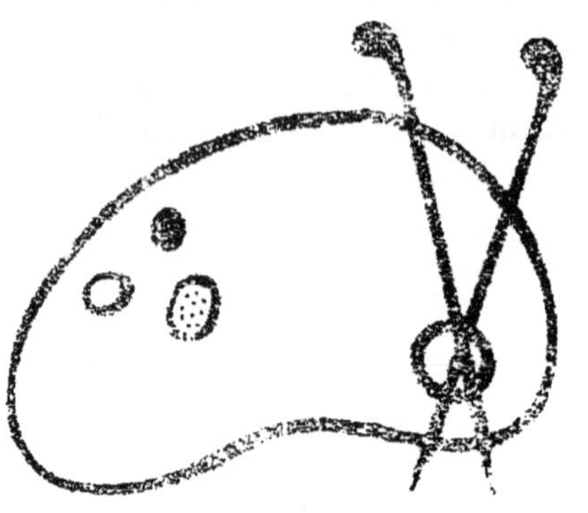

www.ingramcontent.com/pod-product-compliance
Lightning Source LLC
LaVergne TN
LVHW010423230826
846091LV00009BA/3665

* 9 7 8 2 0 1 3 5 9 9 9 0 0 *